Joachim Rohlfing

Menschenland

Lyrik, Kurzgeschichten, Erzählungen

videel

Nachdruck oder Vervielfältigungen, auch aus-
zugsweise, bedürfen der schriftlichen Zustim-
mung des Verlages

ISBN 3-89906-779-7

Gesamtherstellung: videel, Niebüll
Umschlaggestaltung: Joachim Rohlfing
Seitenlayout: Joachim Rohlfing

Bibliografische Information Der Deutschen Bibliothek
Die Deutsche Bibliothek verzeichnet diese Publikation in der Deutschen
Nationalbibliografie; detaillierte bibliografische Daten sind im Internet
über http://dnb.ddb.de abrufbar.
Bibliographic information published by Die Deutsche Bibliothek
Die Deutsche Bibliothek lists this publication in the Deutsche Nationalbi-
bliografie; detailed bibliographic data are available in the Internet at
http://dnb.ddb.de.

Verzeichnis

Kurzgeschichten / Erz□hlungen

Denken

Die eine Möglichkeit zu denken
ist wahllos sich Gedanken schenken
die kollektiv kanalisiert
berechnet und dann ausseziert
in ungeahnte Enge führt
als hätt' der Geist sie nie berührt

Die nächste Möglichkeit geschieht
wenn Enge in die Weite zieht.

Diskussion

Die Themen geben sich die Hand
im posthumierten Phrasenzänkel
wird diskutiert am Tellerrand
mit Intellekt und Standesränkel

‚Natürlich' heißt es moderat
verhagert sitzend Beingedrehe
schon wieder läuft's hier falsch im Staat
wer Ohren hat, verdammt der sehe

Opposition und die Regierung
in abgerundeter Kantigkeit
nur Millimeter auf Entfernung
in tagesgeschäuter Kriegsrätigkeit

Vergilbtes Breitgegrinse
als real genetische Drift
beschlägt der Kamera die Linse
für Ehrlichkeit das zarte Gift

Menschenland

Was geht vor im Menschenland
wenn Viele dumm und arrogant
für Fremdes nicht bereit und offen
im Gegenteil sich damit zoffen
Gedanken wohl aus Nazi-Zeiten
in ihnen noch den Schimmel reiten

der Staat zieht an Gesetzesstrenge
zu züchtigen die dumme Menge
mit Wurzeln aus dem Boden reißen
wie hat es immer schon geheißen
wir schützen unser Vaterland
verteidigen den Tellerrand
vor Dieben, Fremden - all so'n Mist
für Viele das die Denke ist

Der Umkehrschluss nur kurz bemerkt
dem Denkenden den Rücken stärkt.

Maler

Allein und einsam auf dem Hocker
die weiße Leinwand starrt ihn an
sitzt da der Pinselzocker
was hat sie ihm denn nur getan

Der erste Pinselstrich mit Schwung
und schon gelingt der zweite
grad eben noch Verzweifelung
fliegt Phantasie jetzt in die Weite

So ist's nun mal ihr Malersleut
denn das ist euer Ringen
aus Nichts zu schaffen von Bedeut'
es muss einfach gelingen

Ein neuer Stil in deiner Kunst
denn sonst röhrt an der Hirsch im Harz
dann malst du für Betrachters Gunst
den gelben Punkt - der Rest ist schwarz

Dichtersmensch

Worte können sein wie Hülsen
die tragen der Geschosse Macht
sie töten nicht - sie fliegen nur
Gedankenlyriks Zauberkraft

wenn reimen kannst
du Dichtersmensch
fernab vom Wortgeplapper
kehrst Inhalt aus vor Leserschaft
Gelassenheits gebibbert Kraft

hast rausgedreht dein Innerstes
fernab vom Volksgedudel
Gedachtes zu Papier gebracht
mit Hoffnung auf Erlesers Kraft
für jeden nicht das Gelb vom Ei
für manchen gar am Them' vorbei

und reflektierst doch subjektiv
aus deiner Sicht die Dinge
je spitzer deine Feder ist
je deutlicher die Zwischensinne

für Lesers Phantasie und Denken
Einmaligkeits Empfinden teilen
mit dem der's schreibt

und dem der's liest
verbindet's flügelstarke Federn
verwischte Leichtigkeit des Seins
ist Dichtermenschens Aufbegehren

mit Leichtigkeit manchmal erbracht
mit Schwere dann erfahren

Intuition

Wer drückt da wo auf welchen Knopf?
was läuft da ab in diesem Kopf ?

Gedanken aus Erfahrung sprießen
mit Tinte durch die Feder fließen

in Harmonie und Reim gebunden
wird's schließlich dann für gut befunden

wie anders als in dieser Art
ist Schaffenskraft mit Glück gepaart?

Frühling ist .. Staunen
Sommer ist .. Leben
Herbst ist .. Genießen
Winter ist .. Muße

Nach jeder Muße folgt .. neues Staunen
.. neues Leben
.. neues Genießen
.. neue Muße

Baltrum

Als Insel bist du faktisch klein
zu groß um wirklich klein zu sein
Dornröschen für die Außenwelt
ein Kleinod der's für sich bestellt

bei dir ist Ruhe keine Hektik
du lässt sie einfach außen vor
erkennbar ist deine Konzeptik
Fernreisen sind nur miles and more

dein Osten ist das Osterhook
mit Dünen überschwellig
erklärt den kreativen Sog
Gedankenmenschens wundermalig

ich breche für dich diesen Stab
denn deine Welt ist nur einmalig
wohl dem der den Prospekt mir gab
hat ausgelöst gedankenzahlig

Irritation

Gefühlsbezognes Artgedusel
betrunknes Glück nach Weingefusel
versteckt gereifte Sinnesfransen
benebeln Klarheit wohl im Ganzen
verzerrt entstelltes Volksgedudel
verkrümmt gedrehtes Lüggesudel
mit Mühe ausgehalftertes Verlangen
lässt denkbar vor Realem bangen

wie kann's finalig anders sein
begreift man's oder lässt es sein

wer immer sich davor versteckt
hat reichlich davon aufgespeckt

Wenn... (I)

Wenn Gleich und Gleich sich gern gesellt
in jeglicher Beziehung

wenn Gegensätze dieser Welt
verwischen durch Gedankens Biegung

wenn Bögen dabei überspannt
durch Kompromisse platzen

dann stehen wir in diesem Land
vor x - Millionen Glatzen

Egoist

Ein Egoist ist halt so'n Typ
der teilt nur mit sich selber

mit Freuden saugt wie ein Polyp
als wässrig transparenter Blender

was bringt's denn schon- mit andren teilen?
in Selbstverliebtheits Schwere

an Greifbarem sich aufzugeilen -
Beweis für Hirnes Leere

Fenstersturz

Die grüne Lunge dieser Erde
Brasilien und auch anderswo
klagt an mit knallharter Beschwerde
was Mensch da macht das geht nicht so

sägt ab den Ast auf dem er sitzt
nicht wahrnimmt wohl Finalabsturz
welch Ignoranz da so aufblitzt
Ersatzplanetens Fenstersturz

vergiss nicht Mensch du bist nicht Gott
extremes Schlaffbild maximal
denn dein beknackt Gedankenschrott
reicht höchstens nur für Dummdenkmal

es sei denn du begreifst das Thema
löst auf gezielt Gedankenstau
entsetzt begreifst Geschichtes Schema
hör auf mit Perspektivenklau

Hunger

wohl kaum jemand bestreitet heute
der sitzt am Napf der Satten
dass Hunger existiert
nicht nur vor Festtagsplatten

zu eingefleisch der Feierabend
Kontrast zum Hungertod
der dümpelt aus mit Liebchen badend
Gewinndenkens gefiebert Not

das kann's nicht sein oder wohl doch
vergilbt gedachtes Wohlstandsdenken
verhungert Diesseits - Menschenjoch
Gedanken sich wohl da verrenken

wenn ‚Burger' roden Regenwald
vier fünf Quadratmeter pro Stück
wer spielt mit Hunger so eiskalt
sein Schrei Intolerantens Glück

vielleicht wird's so nicht wahrgenommen
denn das setzt weitaus mehr voraus
als Klappendenkens Spendvorkommen
ich überweis und bin dann drauss'

es wird und ist nicht zu ertragen

dass Menschen sterben Hunger noch
Waffensysteme überragen
wohl Nächstenliebes Egoloch

manifestiert Piratendenken
hilft keinem Kind mit Wasserbauch
Kind wird die Seel' dem Schöpfer schenken
die Satten ihren Wohlstandsbauch

Frieden

Wann herrscht denn Friede hier auf Erden?
die Fragestellung greift schon nicht
aus Falken müssten Tauben werden
aus Dunkelheit des Friedens Licht

Das glitzernd' Spielzeug in der Luft
schickt Bombengruß von Sam und Bob
das ist so wenn die Truppe ruft
‚wir tun ja hier nur unsren Job'

Wenn Kriege ihre Namen kriegen
verraten des Kolumbus Ei
in Patriotens Kinderwiegen
wächst nach Diablos Barbarei

Negation

Als Menschen sind wir nur Milliarden
ein Jeglicher sucht da sein Glück
auch heut' noch Kampf mit Helebarden
erst geht es vor und dann zurück

auf dem Planeten unterzahlig
begriffen sicherlich nicht viel
was hier begegnet ist mehrmalig
Galakt' Prioritätsprofil

soll heißen nichts geht ohne Blick
auf Toleranz für minderzahlig
ein klares Nein für Egozentrik
denn die schießt ab Geneinsagt' qualig

Garaus

Vergilbtes Elternhaus
Macht Perspektiven den Garaus
sie zu erkennen später dann
ist Kraftakt in Erfahrungs Bann

vernachlässigt die Kinderseele
geopfert im Bedürfnisdrang
zwangsjackenhaftes Zeitgestehle
kindungerechter Lebenszwang

realer Alptraum Schuldgefühle
der existiert im Nirgendwo
des Kopfes abgespeichert Mühle
verirrt sich dann im Menschenzoo

Gott

Er ist der Ursprung allen Lebens
wie wir es kennen zweifellos
der Sinn des Gebens und auch Nehmens
so unbegreiflich grenzenlos

Doch als Person wohl unwahrscheinlich
ebenbildlich aber wie ?
die Geistigkeit für uns zu reinlich
ein kleiner Teil in uns ist sie

Wir brauchen nicht zum Himmel schaun
um ihn zu ahnen und zu spürn
in Allem was wir sehn im Raum
stehn wenn wir wolln nur offne Türn

Geloben

‚Geloben' ... oh Gott,
was für ein Wort
es sperrt mich ein
in deinen Käfig..?

Jenseits

Das Gegenteil vom Diesseits
ist Gedankenmenschens Jenseits

von oft gesehnem Megalicht
dem Irdischen die Welt zerbricht

ein Zauberwort ist dieses Licht
dem Todgeweihten Klartext spricht

kein planetarisches Gebinde
erfühlt vergebende Gelinde

Johannes

Johannes in der Offenbarung
spricht von Posaunen zum Finale
vom ‚Tier' das aufsteigt aus dem Meer
zum allerletzten Male

an markant Punkten des Planeten
logistisch perfekt inszeniert
zu spät ist dann Wendhalses Beten
in Adern Blut halt doch gefriert

der Irrsinn irdisch blassen Kults
manifestiert am Morgen schon
erhält dann tragisch den Impuls
am Kreuz das war wohl doch der Sohn

Denn dann wenn die Posaunen blasen
wie viele warn's bis heute schon
hört Mensch auf Mammon nachzurasen
er fragt dich nach - der Menschensohn

Danke

Danke sagen ist nicht schwer
belegt mit Inhalt doch schon sehr
zu einfach Inhalte verschmelzen
im rüden Umgangsmeer

dem Bitte geht es da nicht anders
zwei Zauberworte immerhin
die sprengen halt gelabert Wortes
sind Ehrlichkeits Gedankensinn

das Kirchenlied von Martin Schneider
gefühlig rührt den Singenden
klagt an Diesseits Gedankenmeider
belebt den Sinn der Fühlenden

ich sage Danke nach dem Beten
an meinen Chef ich nenn ihn so
ich habe ihn um Licht gebeten
finalig seh ich's sowieso

unendlich mehr ist dieses Licht
für Menschen suchend Wachsgeranke
an Grenzen stößt da sicher nicht
versprechend lebend Wortes - Danke !

Nebel

Geschehen passiert
in einem klar scheinenden Nebel
der Zögern realisiert
am erlebend rauschenden Knebel

Gedankliche Banalität
in verschwommener Lebenssicherheit
wird unverstandene Realität
in tastender Unsicherheit

Pärchen

Die emsig stetigen Begleiter
auf Weltenbühnes Menschenleiter
sind zwei, die bestens sich ergänzen
mit Macht und Ohnmacht billig glänzen
in kalter Brachialmanier
verschleiern sie die ‚Background-Gier'
sie herrschen absolut feudal
in Hohlköpfen - verdammt noch mal
sie schließen Bündnisse mit allen
die blind vor ihnen niederfallen
sie fürchten weder Tod noch Teufel
in Egozentrik ohne Zweifel

Wer ist denn nun besagtes Paar
im Outfit, wie es immer war ?
die grinsen als Realpopanz
es sind - Dummheit und Arroganz

Hass

Hass ist keine Form des Denkens
er ist halt nur so reaktiv
zerstört Gedankenmenschens Lenken
als Urform gänzlich primitiv

Er nagt an guten Perspektiven
die untergehn im Lebenslauf
erfüllt Gesetz vom Negativen
gesteuert dominant zuhauf

Wenn Menschen hassen umgangsmäßig
verleugnen strukturell das Sein
dann werden Zellen schnell gefräßig
und raspeln sie nur kurz und klein

Plunder

In irgendeiner langen Nacht
wenn Wachsein deinen Schlaf bewacht

Gedankenwelten fest umnebelt
die Zweifel aus den Angeln hebelt

bekannt, geehrt - man ist ja wer
kann stolz sein auf das Kontenmeer

mit Macht hat man's zu was gebracht
sich abgehoben das es kracht

was juckt da schon so'n armes Würstchen
das Hunger hat und auch noch Dürstchen

mit deiner Hand- und Kopfeskraft
ziehst selbst dir ab den Egosaft

denn all der hier gesagte Plunder
brennt irgendwann mal auf wie Zunder

Reflexion

In altersglattem Artgefüge
Begegnung mit der Lebenslüge

bizarres Licht, gezackte Fetzen
gedanklich sich in Szene setzen

traumatisch eingefleischtes Hämmern
finalem Götterschmerz folgt Dämmern

im Resultat dann ausgedrückt
mein Gott, was war ich doch verrückt ...

Terror

Da rasen zwei Maschinen
in Türme klarer Sicherheit

sie lösen aus Lawinen
aus Höllenfeuers Endlichkeit

wenn keine Hölle installiert
so hofft man doch so insgeheim

das Fegefeuer eskaliert
und hausig macht Verbrechers Heim

Wenn... (II)

Wenn Flieger rasen durch die Luft
Raketen hinterher

wenn Menschen atmen Düsenluft
das schwarze Gift aus Flammenmeer

wenn Flüchtlinge von Booten springen
aus Angst kein Mensch zu sein

wenn Gläubige in Kirchen singen
vor denen stehen Panzerlein

wenn Vielfalt sich so reduziert
das Nazis wieder schrein

wenn Toleranz wird denunziert
und Menschen Folters spein

wenn Mensch auch heut noch nicht begreift
dass Tiere Brüder sind

wenn Hungertod die Sense schleift
und ablehnt Lebewesens Kind

wenn ein Tier sitzt im Weltgericht
das Mensch getrieben zum Schafott

wenn die Stimm hat dann das Gewicht
‚mein lieber Mann' - dann gnad uns Gott

Quadratur

Vielleicht gelingt die Quadratur
des Kreises auf der Schiefertafel

mit kindlich einfach Signatur
ohne endlos klug Geschwafel

was ist denn diese Quadratur
die Klugheit vor Versagen warnt

ist fehlende Berechnung nur
die intellektuell enttarnt

Man klagt in mancher Stunde
es möge doch vergehn - die Zeit
man merkt, wie lang ist die Sekunde
doch merkst du, was sie hält bereit

es langweilt sich der Mensch am Abend
und sieht nicht ein - den Sinn der Zeit
er resigniert und sinnlos treibend
ist er zur Mühe nicht bereit

doch die Sekunden gehn dahin
und sie sind nicht - wie die zuvor
es starben Zellen - ist das Gewinn
doch Neue sind am selben Ort ...

du wirst es sicher nie erleben
zu sehn die Welt grad wie zuvor
den ständig Wechsel wird es geben
drum sieh doch hin - reiß auf das Tor

in mancher Stund wirst du dann sehen
was Menschen treiben Tag für Tag
die Wahrheit wirst du nicht verstehen
sie würd dich treffen - wie ein Schlag

Fleiß

Was weißt du - was geht vor in dieser Welt
du siehst den Tag, das Licht, die Nacht
lebst du hinein - gehst du vorbei
du forschest nach und willst es wissen
was ist es noch, was dich heut hält
dein Ziel – war's nicht in deiner Acht
es ist nicht weit- der Abschluss nur in deiner Reih
erkenn es doch, dann gilt nur das - es anzufassen

ein Schleier verhüllt dir deine Sicht
er ist es, den du musst durchbrechen
zu sehn, was ist, wenn Wissen endet
du siehst die Grenzen deines Geistes
erkennst, wie endlos ist das Licht
die Welt, ein Staubkorn - nur ein Bällchen
und doch so groß, dass sie dich bindet

erkennst du ihn, den Sinn des Fleißes
doch will man es, dass du's erkennst
die Farbenpracht, des Übels Dunkel
es hüllt dich ein - siehst du es nicht
das täglich Wirrwarr - deine Sorgen
Probleme, die man nicht ergänzt

Intrige - oder nur Gemunkel
ergründest du's nicht - ist es Verzicht

den du begehst am frühen Morgen -

Experiment

Ein Mann, er kann's nicht mehr ertragen
zu sehn die Welt voll Kampf und Mord
das Experiment, er will es wagen
zu fliehn an einen bessren Ort

ein genial Gerät er baut
das ihn versetzt in einen Schlaf
für hundert Jahr, denn er vertraut
dass Menschlichkeit die Welt bedarf

er glaubt der Mensch wird friedlich sein und gut
eine Welt, die wert ist, drin zu leben
das gibt ihm darauf neuen Mut
er kann es nicht - der Welt vergeben

die Zeit vergeht - er wird geweckt
er sieht sie nun, die neue Welt ...
oh Leben, wo bist du versteckt
ich bitt dich, bring zurück dein Zelt

der Mann, er sieht, die Welt ist leer ...
die Vögel, Fische und die Pflanzen
oh Mensch, warum - du bist nicht mehr
vernichtet hast du's gleich im Ganzen

warum - du lässt zurück die Welt

war das die Lösung aus der Not
ein toter Ball am Himmelszelt
das war dein Ziel - und auch dein Tod

der Mann, er sieht's, er atmet ein
die tote Luft und Dunkelheit löst ab sein Licht
das tödlich Gift, es strömt hinein
ein herrlich Land kommt ihm in Sicht

ein herrlich Platz - er ist bereit
es trennt ihn noch das eine Tor ...
es ist der Weg zur Ewigkeit ...
Erfüllung - sie steht ihm bevor

die Brücke - sie trennt Tod und Leben
vergessen ist der Kampf, der Neid
du Mensch - dort ist es, wo dir wird vergeben
zurück lässt du den Hass - das Leid!

(frei nach `Mythos´)

Kindergeburtstag

Zum fünften Geburtstag hatten Adrians Eltern
seine besten Kumpel eingeladen. Vier an der
Zahl.
Meike brachte ihren Sohn Florian.
Sie waren die Ersten.
Beide Jungs huschten vorbei am
ausgeschmückten Kaffeetisch Richtung
Kinderzimmer.
Die Türen standen offen.
„Na dann noch viel Spaß mit den Kleinen. Ich
hole Florian so gegen 18 Uhr 30 wieder ab.“
„Bis dann, Meike.“
„Mama, Mama - ich will mit !“ Mit zittrig
heuliger Stimme kam Flroian angerannt und
klammerte sich an die Hand seiner Mutter.
„Was ist denn jetzt los, Flori ?“
„Ich will aber wieder mit ...“
„Komm, wir gehen mal zusammen in Adrians
Zimmer, ok ?“
„Was hat er denn ?“
„Keine Ahnung, was das soll ...“
„Komm Flori, wir spielen weiter .. los komm .“
Adrian fasste seinen Freund an die Hand und zog
ihn mit sich.

„Also, ich versuch's noch mal. Bis nachher ..."
Florians Mutter bewegte sich geräuschlos zur
Haustür.
Plötzlich wieder ...
„Mama, Mama !" Die gleiche Szene ...
„Tja .. dann muss ich wohl hier bleiben ..."
„Du kannst gerne bleiben. Wir setzen uns erst mal
dazu. Er muss wohl erst bei uns warm werden ."
„Das wird's wohl sein ..."
„Flori, du brauchst doch keine Angst zu haben.
Warum willst du denn nicht bei Adrian bleiben.
Seine Mutter hat doch so leckeren Kuchen
gebacken..."
„Hallo !" Adrians Vater ging auf Meike zu und
begrüßte sie. „Ach.. ihr Männer habt die
kleinen Autos ja schon auf die Straßendecke
platziert .. prima."
„Papa, guck mal hier ... die Achse bei meinem
Lieblingsrenner ist ganz schief."
„Zeig mal her ... tatsächlich .. da müssen wir
aber sofort umfangreiche Reparaturarbeiten
einleiten, was ?"
Adrians Vater setzte sich auf den Boden und
fummelte an der Achse des ‚Lieblingsrenners'
herum.
„Gar nicht so einfach ..."
Er fummelte und fummelte ...
Und Florians Nase kam näher und näher ...
Diese Reparaturarbeiten hatten ihn in ihren Bann
gezogen.

„Kann man die Achse nicht abziehen ..?“
„Meinste, Flori ..?“
„Ja .. das geht bestimmt.“
„Irgendwas klemmt hier ...“
Die Nasen beider Jungs waren nun fast direkt an
dieser Achse ...
Adrians Vater gab den Frauen die Handbewegung
‚Zieht euch zurück .. ganz langsam !‘
Sie begriffen.
Fast unbemerkt waren anschließend Adrians
Kumpane dazugekommen und verfolgten
höchstgespannt die komplizierte Reparatur.
Es gab so viel zu reparieren an diesem
Nachmittag.
Mittlerweile war Florian bereits der Werkstatt-
meister mit einem bemerkenswerten Kommando.
Das Ganze gipfelte in einem unglaublichen
‚Getobe‘ mit Kissenschlachten und Adrians Vater
als Punchingball.

Es klingelte.
Adrians Mutter ging zur Haustür.
Gemurmel auf dem Flur.
Kurz danach schauten Sie und Meike ins
Kinderzimmer.
„Hallo Meike ! Guck dir deinen Champion an ...
Wie .. wieso bist du schon hier ?“
„Wie habt ihr das gemacht .. mit Flori ?“
„Der Bann ist gebrochen ...“

„Unglaublich ...“

„Komm Flori, wir müssen jetzt nach Hause.“
„Mama ..“ Florian steht auf und sieht seine
Mutter bettelnd an. „ ...Ich möchte gerne noch
hier bleiben.“

„ ...“

Heu

Adrian saß mit seinem Vater bei der Hautärztin.
Nervös wie immer ... obwohl er ihn größenmäßig
bereits um zwei Zentimeter überragte. -
‚Diese Riesen ...’ dachte sein Vater und blinzelte
wie aus Sehschlitzen.
„Wir schreiben gleich `ne fette Englischarbeit,
deswegen ...“
„Ich sage doch gar nichts ....“
„Ja, ja .. und warum grinst du schon wieder
so ?“
„Diese Routinechecks sind doch nur zur
Sicherheit wegen der Muttermale.“
„Reg’ mich nicht auf ... Du kommst aber gleich
mit rein, ne?“
„Reich mir die Hand, mein Kind ...“
„Es reicht jetzt ..!“
„Gut.“
„Adrian Meier bitte !“
„Komm, Alter !“
Sie erhoben sich von diesen ergonomischen
Fehlkonstruktionen von Wartezimmerstühlen und
gingen in das zugewiesene Sprechzimmer.
Die leicht genervt wirkende Sprechstundenhilfe
wies ihn an, ‚schon mal den Oberkörper frei zu
machen’.
Nach zwei fröstelnden Minuten kam endlich die
Ärztin.

„Hallo Adrian ... wieder mit Papa ? Tag, Herr
Meier.“

Wie ihm dieser Spruch auf den Sender ging.

Das war der Preis für seine Vorstufe der
Ängstlichkeit.

‚Beim nächsten Mal stehe ich hier alleine .. mit
Sicherheit !‘ -

„Dann schauen wir uns die beiden Muttermale
doch mal an.“

Sie betrachtete die Objekte ausgiebig und nickte
schließlich.

„So .. ich denke, dass wir die entfernen müssen.
Nicht beide auf einmal ... Lass dir gleich einen
OP -Termin geben. Keine Angst, das mache ich
hier in der Praxis.“

Adrian zog die Mundwinkel runter.

‚Also doch ...‘

„Das ist halb so schlimm aber notwendig, bevor
sich da was entwickelt. Ziehst du mal bitte Hose
und Strümpfe aus ..“

Adrian zögerte .. ‚Warum gehe ich nicht
einfach ..?‘

Ein schwieriges Alter - fünfzehn !

Er zerrte die Schnürsenkel auf und zog den ersten
Schuh aus.

Dabei rieselte etwas aus dem Schuh.

Adrians Vater traute seinen Augen nicht. Was
war das denn ?

„Ich glaub' es nicht ! Das ist ... Heu ?!"
Die Ärztin verzog keine Miene.
Dann ein breites Grinsen ...
„Hast du ein Pferd .. ?"
„Ich habe kein Pferd ..! - Ich .. ich war beim
Erntefest ..."
Er zog den zweiten Schuh aus.
Da rieselte es wieder - Heu !
Entsetzen in Vater Meiers Augen.
„Bist du sicher, dass du kein Pferd hast ?"
„Immer noch nicht ..." Adrian begann zu lachen.
Sein Lachen zündelte an der Lachlunte.
Die Ärztin hatte sich inzwischen gesetzt.
„Tust du mir bitte einen Gefallen ..?"
„Welchen ?"
„Bring doch das nächste Mal dein Pferd mit ...!"

Bildschirmschoner

Auf der A1 kurz vor Ahlhorn.
Noch mehr go als stop.
So kurz vor der Abfahrt ...
Alle wollen wohl zur Nordsee.
Die Autos vollgestopft bis unters Dach.
Genervt klopft die Hand auf das Lenkrad.
Wenigstens keine quängelnden Kleinkinder an
Bord.
Stillstand.
Nichts geht mehr.
Die Ersten steigen nach einigen Minuten aus.
Vielleicht hilft's ja ...
Vater und Mutter schauen sich entgeistert an.
„Bleib cool Dad.“
„Wenn ich da an die Fahrten denke, als du noch
klein warst... was du und dein Bruder da ver-
anstaltet haben.“
„Der ist ja heute nicht dabei - außerdem bin
ich 15.“
„Er wollte ja nicht.. mit 18 ...“
„Mama ist da immer ausgerastet ...“
„Ja ja, immer ich ...“
Wieder sechs Meter weiter.
Stillstand an der Ausfahrt eines kleinen
Rastplatzes.
Einige drängeln auf der Standspur weiter.

Die ewig Gestrigen.
Da wird gnadenlos die Standspur für mögliche
Rettungsfahrzeuge zugepflastert.
Egotrips auch im Urlaub.
„Ey, guckt mal da rechts ...“
Adrian begann zu kichern.
Da stand einer an seinem Uraltmotorrad mit
Beiwagen.
In schwarzer Motorradkluft der 50er oder 60er
Jahre.
Drei Millimeter-Schnitt und 30 Zentimeter- Bart.
Ansehnlicher Bierbauch.
Nicht schätzbares Alter.
„Der Typ is' ja ultracool.“
Aus Kichern wurde Gelächter.
Dann begann die Show.
Der Biker begann mit Lockerungsübungen der
Klasse sehenswert.
Abwechselnd zog er seine Beine langsam an und
streckte sie wieder im gleichen Tempo.
Das Ganze dann mit den Armen ...
Jeweils genau fünf Mal.
Dann ging er einige Meter in Zeitlupe auf und ab,
um genau dieselben Übungen zu machen.
Dieses Mal mit einer zusätzlichen Variante.
Er rieb zwischendurch mit der rechten
Handfläche den linken Unterarm und umgekehrt.
Nach längerem Blick auf die Fahrzeugschlange
entschloss er sich, die Hände auf die
Lendenwirbel zu falten und gemächlich die 15

Meter bis zu einem Wohnmobil zu schreiten, aus
dem gerade zwei jüngere Frauen Richtung
Gebüsch ausgeschwärmt waren.
Er blieb stehen und sah ihnen nach ...
Genau fünf Mal schüttelte er seinen Kopf und
schritt wie ein Staatsmann die Ehrengarde der
geparkten Fahrzeuge ab.
„Ich glaub's nicht ...jetzt noch mal die Beine
anwinkeln... "
Adrian hatte seine PC- Zeitschrift längst bei-
seite gelegt.
Majestätisch schritt der Typ wieder zu seinem
Motorrad und blieb daneben stehen.
Mit strengem Blick glotzte er Richtung Gebüsch.
Adrians Gelächter infizierte seine Eltern.
Der Bärtige drehte sich um und sah auf sein
Motorrad.
„Was kommt jetzt ..?"
Er ging zum Beiwagen und zog einen Kanister
Sprit heraus.
In wirklicher Zeitlupe drehte er den Tankdeckel
auf und ließ für drei bis vier Sekunden Sprit
einlaufen.
„Warum nimmt der keinen Eintritt ?"
Er verschloss den Kanister, hob ihn an sein
rechtes Ohr und schüttelte ihn.
„So was habe ich noch nicht gesehen ..." Adrian
rang zwischen den Lachschüben nach Luft.

Der Typ schaute mit prüfendem Blick gen
Himmel, nickte kurz und platzierte den Kanister
wieder im Beiwagen.
„Das ist .. ja .. das ist Johnny Castaway..! Ihr
wisst doch .. dieser Bildschirmschoner ..!“
Die Drei schrien auf vor Lachen.
„Bei Nichtaktivität kommt der automatisch nach
einer Minute ...“
„Und zieht dann eine vergleichbare Show ab..“

Adrian hatte seinen Dad lange nicht mehr so
unkontrolliert lachen gesehen.

Der Stau auf der A 1 hatte diesen wunderbaren
Bildschirmschoner aktiviert.
Die Fahrzeugschlange setzte sich wieder langsam
in Bewegung.
Adrian renkte sich fast den Hals aus, um Johnny
so lange wie möglich im Blickfeld zu haben.
„Schade .. den sehen wir nie wieder ...“

Die Blechlawine rollte mit 40 km/h weiter.
Die Urlaubslaune war wieder da.
Dank ihm ...

„Nein !! Schaut mal nach links !“
Da fuhr er ... auf der linken Spur langsam an
ihnen vorbei :   Johnny Castaway ...

Aufklärung

Gespräch zwischen zwei Exkollegen.
„Freut mich, dass du in dem Laden auf der
Karriereleiter stehst.“
„Wärst du noch hier, ständen wir gemeinsam da.“
„Musste nicht sein ...“
„Ist zwar’n kleiner Laden hier mit fünfzig Leuten,
davon zehn im Büro ... Wir waren so’n gutes
Team.“
„Das stimmt. Doch diese Vorstufen zum
Mobbing ... meine Nerven waren mir zu schade.“
„Du meinst deine Probleme mit Beate ?“
„Das waren keine Probleme mehr ..!“
„Du hast das zu eng gesehen !“
„Nein, nein ! Die hat ihre geistigen Defizite
geschickt mit Chef und Chefin duzen, zum
Grillen einladen und der üblichen Schleimerei
kaschiert.“
„Das ist richtig .. aber ...“
„Wieso .. aber ? Die hat meine Autorität auf
diese Tour unterlaufen ! Dem Chef mal kurz
stecken, der hat seine Abteilung nicht im Griff
und so weiter. Die saß mir doch gegenüber ! Jede
Anordnung wurde angezweifelt. Nachgewiesene
Fehler wurden als Lapalien abgeschmettert...“
„Warum hast du ihr nicht gezeigt, wo die
Glocken hängen ?“

„Hab ich doch ! Das Ganze wurde doch umgedreht, nach dem Motto - ich sei derjenige gewesen, der falsche Vorgaben macht und so weiter ...“

„Da haben wir oft drüber diskutiert.“

„Wenn du feststellen musst, dass die Geschäftsleitung auf so eine miese Tour abfährt ... als Informationsquelle aus dem Angestelltenbereich war die zu wichtig ! Hinterlistig und dumm .. aber wichtig ..!“

„Wenn du wüsstest ...“

„Was ?“

„Ach ... lass man ...“

„Komm Freund ... nicht andeuten - sagen !“

„Na gut .. du bist ja nicht mehr hier .“

„Gott sei Dank ! Also ..!“

„ Wie oft haben wir darüber spekuliert, wie und ob die überhaupt ihre Prüfung bestanden hat, ne ?“

„Was meinst du ? Wir wissen doch, dass sie die nicht bestanden hat.“

„Entschuldige, wenn ich Mühe habe, nicht schon jetzt laut zu lachen ...“

„Du meinst ... deine Möglichkeit, jetzt Einblick in die Personalakten zu haben ?“

„Treffer ...!“

„Nun erzähl doch, Mann !“

„Die wurde zweimal gar nicht zur mündlichen Prüfung zugelassen ...“

„Klingt logisch.“

„Die hatte in ihrem letzten Zeugnis eine Fünf ...“
Er konnte sein schallendes Gelächter nicht mehr
unterdrücken.
„Eine Fünf ist doch kein Problem !?“
„Nein .. ist es nicht !“ Der Kollege lief rot an
und rang nach Luft. Sein Lachen war infizierend.
„Alter ... was denn noch ...?“
„ ... - und den Rest - Sechsen ...!“

Was Menschen sich antun können, sieht man täglich in den Filmen der TV-Nachrichten oder - schlimmer noch- erlebt es selbst.
Oftmals sind sie Opfer irgendeiner Ideologie, die sich anmaßt, sie -die Menschen- zu beherrschen, indem sie Ihnen so ein klein wenig Macht gibt.
Dann funktioniert der Machtapparat. Jeder denkt an seinen eigenen Vorteil, koste es was es wolle oder ... wen es wolle. Ich denke dabei an die DDR.
Das Funktionsprinzip bestand aus gegenseitiger Bespitzelung, reiner Staatswillkür und Unsicherheit vor dem Kenntnisstand des Anderen. Einer für alle - alle für einen; aber nur bei gleichgeschalteter Staatstreue. Die Geburtsstätte für Schlitzohrigkeit und Nischendenken. Der Staat denkt, der kleine Schlawiner lenkt. In seiner kleinen Welt natürlich. Diese kleinen Schlawiner waren (sind) die Auslöser dafür, dass mein Fass immer kurz vor dem Überlaufen war (ist).
Als Wanderer zwischen den beiden deutschen Welten BRD und DDR gelangte man bei den Grenzkontrollen immer wieder an diesen kritischen Punkt.
Diese kleinen `Wadenbeißer´ an den Kontroll-

stellen mit ihren Blicken `von oben herab´, dem
verkniffenen Grinsen und der sozialistischen
Kanone am Gürtel. Für einen kleinen Moment
waren sie es, die dir zeigten, wo die Glocken
hängen. Ein sprachlicher Ausrutscher oder eine
verdächtige Gestik, dann ließen sie ihre kleine,
abscheuliche Macht raushängen.

Grenzkontrollstelle Schwanheide 1967.
Meine Mutter und ich waren -wie jedes Jahr- auf
der Rückreise per Bahn von einem Besuch bei
Verwandten.
Nach dem Einlaufen des Zuges in diesen
Grenzübergang hatten alle Reisenden den Zug zu
verlassen und sich in einer Reihe vor dem
Kontrollgebäude anzustellen. Die beiden
gläsernen Eingangstüren waren verschlossen. Im
Gebäude stand an jeder Tür ein Wachposten mit
auf den Boden gerichtetem Gewehr. Die
Reisenden hatten so lange zu warten, bis die
Spürhunde unter dem Zug alles abgeschnüffelt
hatten, damit kein Republikflüchtiger sein
sozialistisches Vaterland illegal verlässt.
Erst dann wurden die Türen aufgeschlossen.
Es ging in Richtung ‚Wühltische’ , hinter denen
bereits die Kontrollorgane lechzend auf die
ausreisenden Imperialisten warteten. Hier
entschied sich, wie zügig es weiterging und -ob
überhaupt ..?!   Hier standen sie, diese kleinen
Schikanenfans, denen es zunehmend Freude

bereitete, den Koffer vom Ausreisenden öffnen zu
lassen, etwas darin zu wühlen, um ihn dann
schlichtweg umzudrehen und auszuschütten !
Jedes nicht auf dem Ausreiseformular aufgeführte
DDR- Eigentum wurde aussortiert und
beschlagnahmt. Vor allen Dingen deren Bargeld
- die so genannten ‚Aluchips' - absolutes Tabu !
Wir standen in der Schlange und näherten uns
diesem Wahnsinn. Hoffentlich keine
Kontrollierende ... Das waren die Schlimmsten !
Eine alte Frau vor uns stand einer solchen
Kontrolleurin gegenüber. Also doch ...
Sie hob ihren schweren Koffer auf den Tresen
und öffnete ihn. Die Grenzerin überflog die im
Ausreiseformular angegebenen Dinge und sah
dann abwechselnd auf den Inhalt des Koffers und
in die traurigen Augen der alten Frau. Auf die
verneinte Frage nach Ostgeld folgte eine
energische Nachfrage. Die alte Frau verneinte
erneut.
„Das glaube ich nicht !" fauchte die Grenzerin
die blass werdende alte Frau an. „Dann wollen
wir mal sehen ...!" Sie hob den Koffer an und
schüttete den gesamten Inhalt auf dem Wühltisch
aus. Jede Kleinigkeit wurde mit einer Pedanterie
sondergleichen abgetastet, umgedreht und
ausgewrungen. Die Kontrollierte schüttelte ihren
Kopf wirklich nur Millimeter weise.

Das reichte der Grenzerin zu der Bemerkung :
„Noch sind sie in der DDR ! Wollen sie mich
kritisieren ?“
Jetzt schüttelte die Alte kräftig den Kopf.
Dann nahmen die Dinge ihren Lauf...
Die Uniformierte sah einen
zusammengebundenen Wäschesack.
„Was ist da drin ?“
„Gebrauchte Wäsche.“
Sie öffnete den Wäschesack und schüttete den
Inhalt auf den Tresen.
„Und hier ist kein Bargeld versteckt ?“
„Nein.“
Die alte Frau ließ den Kopf hängen.
Die Grenzerin sah ihr Opfer hämisch grinsend an
und angelte mit Daumen und Zeigefinger eine
getragene Unterhose heraus.
Es wurde ruhig in der Halle ...
Alle Blicke waren auf diesen Tresen gerichtet.
Ich merkte, dass mir das Blut in den Kopf schoss.
‚Das macht die nicht ...‘
Doch ! Mit beiden Daumen und Zeigefingern
hielt sie das Objekt hoch wie eine Trophäe.
„Nein ... bitte ...!“ Die Stimme der alten Frau
vibrierte.
„Wollen doch mal sehen, ob da kein Geld
eingenäht ist.“
Die Grenzerin drehte sich um und hielt die
Unterhose in die Neonsonne !!! -
„Das ist unerträglich ... !“   Der Mann vor der

alten Frau konnte nicht mehr an sich halten.
Sofort stand ein weiterer Grenzer neben seiner
Kollegin.
„Kommen sie doch mal mit !"
Ein weiterer, mit einer Maschinenpistole
bewaffneter Grenzer wurde heran gewunken.
Der Mutige wurde in einen separaten Raum
geführt.
Die alte Frau war inzwischen vollständig in
Tränen ausgebrochen. Wir hörten nur noch die
Worte der Kontrollierenden :
„Packen sie ihre Klamotten zusammen und
sehen sie zu, dass sie weiterkommen !" In einem
Ton wie auf dem Kasernenhof.

Meine Mutter hatte unseren Koffer bereits
geöffnet.
Ich näherte mich vorsichtig der alten Frau, um ihr
meine Hilfe anzubieten.
„Sie ! Was haben sie denn vor ?"
Ja, so muss es wohl in Straflagern zugegangen
sein ... -
Ich blieb stehen und sah diesem Teufel in die
Augen. Zehn Sekunden ... fünfzehn Sekunden ?
Keine Ahnung.
Dann sah sie zur Seite.
„Ist das ihr Koffer ?"
„Ja."
„Was ist denn das ..?"

Auf die gepackten Sachen im Koffer hatte ich die drei vom ZK der SED herausgegebenen Bände ‚Das Kapital' von Karl Marx platziert, die ich in Parchim gekauft hatte. Mit dieser Masche sollte man besser durch die Kontrollen kommen. -
„Machen sie sofort den Koffer zu, und gehen sie weiter !"
Ich tat das kommentarlos.
Die Masche mit der Kommunistenbibel hatte geklappt !

Die alte Frau war immer noch mit ihren Sachen beschäftigt.
„Moment ... ich helfe ihnen !"
„Danke ... junger Mann."

Die Grenzerin hatte sich inzwischen ein neues Opfer gesucht und - natürlich gefunden !

Die Kontrollierten gingen mit ihrem Gepäck wieder zum Zug. So mancher Wäschezipfel ragte aus den Koffern heraus. -
Kurz vor Abfahrt des Zuges sahen wir den Mutigen noch einen Waggon besteigen.
‚Durch welche Mangel sie den wohl gedreht haben ...?'

Auf der Westseite angekommen wurde es schlagartig lebendig im Zug. Ein unglaubliches Gemurmel und Geschimpfe ... auf alles, was da

gerade abgegangen war. Als seien sie alle
reanimiert worden.
Das war sie, die Kostprobe von ‚so ein klein
wenig Macht'.
Die alte Frau saß mit in unserem Abteil.
Sie hatte schon viele Schikanen bei den
Grenzkontrollen erlebt... doch diese zeigte das
wahre Gesicht eines Staates, der grenzenlose
Dummheit und Menschenverachtung zuließ - ja,
zu seiner Existenzsicherung brauchte.
„Das dauert nicht mehr lange ... hoffentlich
nicht ! Ich wird's nicht mehr erleben. Dieses
war für mich nun endgültig das letzte Mal !"
Was ist wohl aus diesem Paradebeispiel von
linientreuer Grenzerin nach der Wende
geworden ?
Eine ganz normale Bundesbürgerin ? ... Die
vielleicht ihrer kleinen Macht nachtrauert ??

Gerne würde ich *heute* noch einmal in ihre
stechenden, gnadenlosen Augen sehen ... die
heute wohl über einem Wendehals thronen ...   ---

Im Sommer 1968 fuhr ich auf dem Sozius des typischen DDR- Mopeds ‚Spatz' mit meinem Cousin Hans- Joachim in die nahe gelegene Kreisstadt Parchim. Als Wessi hatte ich natürlich Westgeld im Portemonnaie, eine absolute Voraussetzung, um in den so genannten ‚Intershop' - Läden Westware zu kaufen. DDR- Bürger rieben sich schon mal an den Schaufenstern dieser Geschäfte die Nasen platt. Wenn sie keine Verwandten oder Bekannten im Westen hatten, war der Kaufwunsch eine wirkliche Illusion. Ein weiteres Beispiel für das zynische, menschenverachtende System des damaligen ‚real existierenden Sozialismus'. Die Menschen waren in ihrem eigenen Staat Bürger zweiter Klasse - wenn überhaupt.
Wir betraten diesen Laden nicht zum ersten Mal. Das Sortiment erfüllte einen durchschnittlichen, westlichen Anspruch. Mein Cousin kaufte die Objekte der Begierde eines Jugendlichen - Westzigaretten, diese Piemontkirschenpralinen, Filzstifte und so weiter.
Beim Verlassen dieses Intershop - Ladens durchbohrten die Blicke so manchen DDR- Bürgers voller Bewunderung, Resignation und auch Wut unsere pralle Einkaufstüte. In mir war

dann immer so ein Gefühl von Scham. Doch ..
mein Geld reichte nun mal nicht dafür, allen
‚Draußenseitern' ihre Wünsche zu erfüllen. Mein
Cousin sagte dann immer zu mir : ‚Mach dir
nichts draus, wir beide können das sowieso nicht
ändern !' Das erledigt sich irgendwann von
selbst, wenn das Maß voll ist ! ´ Wie recht er
haben sollte ...

Auf der Rückfahrt fuhren wir an einem Militär-
gelände der Russen entlang, auf dem
Kampfflugzeuge, Hubschrauber und   -so wurde
gemunkelt- auch Atomsprengköpfe eben der
Russen standen und lagerten. Das war eine
Abkürzung. Hans-Joachim hatte mich vorher
regelrecht vergattert, bei einer möglichen Panne
auf gar keinen Fall vom Moped abzusteigen. Das
musste ich ihm hoch und heilig versprechen.
Wie konnte es anders sein :   Wir hatten ca.
die Hälfte der Strecke entlang des Militärgeländes
hinter uns, da stotterte der Motor des Mopeds und
blieb schließlich stehen.
„Bleib bloß sitzen !"
OK ! - Und was jetzt ?"
„Das siehst du gleich ..!"

Es mochten wohl so zehn oder fünfzehn
Sekunden vergangen sein. da hörte ich scharfe
Befehlsfetzen - auf russisch.

Das Durchladen und Einrasten der Verschlüsse
automatischer Waffen kannte ich damals nur aus
Filmen. Nachdem ich mich langsam umgeschaut
hatte, mussten mir wohl die Haare zu Berge
gestanden haben. Zwei russische Soldaten lagen
hinter schussbereiten Maschinengewehren,
weitere ca. 10-12 Soldaten standen am Sperrzaun
mit ihren Kalaschnikows im Anschlag - auf uns !

Meine Hände begannen zu zittern.
Ein unmissverständliches Gefühl kroch in mir
hoch – Angst !
Eine falsch verstandene Bewegung ... -
Die folgenden Sekunden waren für mich Stunden.
Keiner sagte auch nur ein Wort. Hans-Joachim
schaute unbeirrt nach vorne. Ohne irgendeine
Regung. Wenigstens hatte er in der Schule
russisch gelernt. Was für eine beruhigende
Tatsache ...?
Nach einer Ewigkeit die erste Frage des wohl
ranghöchsten Soldaten.   Die Antwort meines
Cousins war kurz und knapp. Ich verstand nichts !
Hans-Joachim stieg langsam vom Moped. Auch
ich wollte ...
„Bleib sitzen !“
Aus der Gestik des Soldaten erkannte ich, dass er
ihn aufforderte, den Schaden zu beheben und zu
verschwinden. Mein Cousin fummelte am
Zündkabel herum und versuchte dann, es zu
starten.

- Nichts !
Jochen drehte die Kerze heraus und pustete an ihr herum.
Der Offizier schrie: „Dawai, dawai !" (schnell, schnell)
Jochen drehte die Kerze wieder ein und startete erneut. Die Kiste sprang an ...-
Sofort setzte er sich auf seinen Sitz.
„Dürfen wir jetzt fahren ?"
„Aber zügig ! Verschwindet ! Dawai !"
Er gab Gas. Nichts wie weg hier ...!

Später fragte ich Jochen nach dem Inhalt des Dialoges zwischen ihm und dem Offizier.
„Der hat nach dir gefragt ... wegen deiner Westklamotten .. ob du aus dem Westen kommst ?"
„Und ... was hast du geantwortet ?"
„Hätte ich ihnen die Wahrheit gesagt, hätten sie dich mitgenommen - zum Verhör ..!"

Mir wurde ‚anders' ...
„Und was hast du nun ..."
„Ich habe dem erzählt, dass du Geburtstag hattest und gerade ein Paket aus dem Westen erhalten hast ..."

„...?!"

Beerdigung

Da sitzen sie in der Kapelle.
Der mit Kränzen und Blumen bedeckte und
eingerahmte Sarg im direkten Blickfeld. In
Kübeln hochgezogene Buchsbäume stehen
leibwächterartig dezent an den Seiten. Schwer
vorstellbar, dass deren Anwesenheit bezahlt
werden muss. Auch das hat seinen Preis.
Stille.
Einige husten bemüht reduziert. Der verlegene
Blick aus den Augenwinkeln.
Nur nicht die Blicke anderer auf sich ziehen.
Hier und da Getuschel.
Wer ist die Unbekannte neben dem
Schwiegersohn des Verstorbenen ...?
Stirnrunzeln ...
Der Schwerhörige fragt seine Frau laut : „Wo
sitzt eigentlich die Hedwig ..?“
Gestikulierende Ortszuweisung.
Peinlich ...
Einige grinsen amüsiert vor sich hin.
‚Der merkt auch nichts mehr ...’
Na ja, in dem Alter.
‚Wie lange der das wohl noch macht ..?’
Andere stecken die Köpfe zusammen und zupfen
an ihrer Kleidung.
Die Glocke läutet.

Die Blicke zur Uhr - wenigstens pünktlich.
Jetzt denkt kaum jemand daran, dass dieses
Geläut auch bezahlt werden muss. Egal, es gehört
nun mal dazu.
Der Pfarrer betritt die Kapelle.
Erhabene Stille.
Er bleibt kurz vor dem Sarg stehen und
schreitet dann zur Kanzel.
Das Manuskript liegt bereits vor ihm.
Sein Blick schweift in Richtung Hinterbliebene.
Er spricht langsam und bedächtig über den
Verstorbenen, sein Leben, die Anzahl seiner
Kinder und dass er ein rechtschaffener Mann war.
Er bittet Gott, dass er diesen Verblichenen doch
in sein Reich aufnehmen möge.
Obwohl er bereits vor vier Tagen verstorben
war ... ?
Ich verdränge die Frage, wo er denn wohl die Zeit
dazwischen verbracht hat... In einer Art
‚Sammelstelle' für Seelen ? Darauf wartend, nach
der Fürbitte eines Pfarrers ... - mein Gott !
Viele sind tränenweich geworden.
Einige schluchzen laut.
Man hätte ihn ja auch öfter besuchen können.
Seine Krankheit war ja bekannt. Doch ... wer
wusste schon, dass das mit ihm so schnell zu
Ende geht...
Der Pfarrer hat auch wirklich gut gepredigt.
So einfühlsam...
Die Sicherheit vermittelnd, dass er auch wirklich

dahin kommt, wohin sie ihn alle wünschen ...
Das muss ein sehr großes Ziel sein !
Einige sehen mit eiserner Miene am offenen Grab
zum Sarg hinab.
Da soll er wirklich drin liegen ?
Kein Zweifel.
Doch ...
Ob seine Seele, das eigentliche ‚Ich' der
physischen Existenz, wohl wiedergeboren wird -
in einem anderen Körper ?
Reinkarnation ?
Ist das der Grund für den Satz : ‚Liebe deinen
Nächsten wie dich selbst' ?
Ist das die Hoffnung, die Erlösung ?
Die Perspektive ?
Seelenzuweisung ?
Neuverteilung ?
In was für einen Körper ?
Oder braten in irgendeiner Hölle ?
Ein gewisser Schauer bleibt ...
Er war ein so rechtschaffener Mann.
Doch wo sind seine Erfahrungen, seine Gefühle,
seine Gedanken geblieben.
Gelöscht ? Wie eine Festplatte ?
Nur noch Vakuum im leblos Feststofflichen ?
Das kann es nicht sein ...

Vielmehr - ist es nicht vielleicht so, dass zu
Lebzeiten die Seele jede x-tel Sekunde quasi wie
eine Datenübertragung mit ihrem Ursprung

kommuniziert - sich austauscht ? Über Gedanken
und Taten ?
Je intensiver das Seelenleben, desto größer die
Datenflut ..?

Der Gedanke gefiel mir, gab mir Hoffnung.

Trauer

Trauer
ist die Reflexion
des Ego ...

Ausstellung

Da fand neulich eine Ausstellung in der Kirche
statt, in der ich getraut wurde. Einer Einladung
des mir und meiner Frau recht gut bekannten
Pfarrers folgend, betraten wir die Kirche mit einer
Erwartungshaltung in Richtung Anspruch,
Qualität usw. . Ausstellungen anderer Künstler
interessieren nun mal.
Wir hatten speziell in dieser, ,unserer' Kirche,
schon einige exotische Präsentationen erlebt und
hofften auch dieses Mal auf ein ,aha' - Erlebnis.
Soweit .. so gut ...!

Ich zog die schwere Eingangstür der Kirche auf
und ließ meiner Frau den Vortritt.
Das erste ,Hallo' und ,schön, dass sie da sind'
beim Betreten des Kirchenschiffs. Der Blick fiel
sofort auf eine Arbeit des Künstlers von
imposanter Größe. Farbintensitäten, wie ich sie
mag und selber verwende.
Die meisten Besucher standen noch vor den
Bänken und nahmen erste Eindrücke von den
ausgestellten Werken.
Mein Blick schweifte neugierig über die
Kirchenbänke hinweg Richtung Altar mit dem
von mir so geschätzten, weil schlichten Kruzifix.
Mir stockte der Atem.
Was war das denn ?

Vor diesem Kruzifix war ein hellrotes, circa 2
mal 2 Meter großes Tuch im Abstand von 3 bis 4
Meter gespannt, das den direkten Blick auf dieses
schöne Gebilde verschleierte.
Ich traute meinen Augen nicht ... -

Das Gedächtnis ist schon ein phänomenales
Instrument, das ohne Einsatzbefehl völlig
verselbstständigt seine Arbeit aufnimmt.
Ein Tuch vor dem Kruzifix ... das kannte ich doch
irgendwoher ..?!   Schlagartig stand ein Bild auf
meinem geistigen Bildschirm, das mir eine
Gänsehaut auf Arme und Beine zauberte und
meinen Magen zur Flauzone erklärte.

Wie war das noch ... damals vor über 15
Jahren in Parchim, als der Sarg meines gut
dreißigjährigen Lieblingscousins in der
Friedhofskapelle aufgebart war ... - Eine
sozialistische Gedenkfeier und Beerdigung sollte
es damals sein ...
Mein Gott ! Du warst nicht mal geladen ..!
Sie hatten das Kruzifix als Symbol des
Christentums mit roten Fahnen verhängt und
abgedeckt !
Mit mehreren roten Fahnen samt `DDR- Logos´.
Da schimmerte auch kein Kruzifix mehr durch !

Damals saß ich während der sozialistischen

Trauerfeier zwischen meiner Mutter und meiner
älteren Schwester mit geballten Fäusten in den
Manteltaschen. Da gab es kein ‚Vaterunser’ oder
‚so nimm denn meiner Hände’ , nein ! Da wurde
von einem Tonband ‚Im tiefen Wiesengrunde’
abgespielt. Nie wieder habe ich bei einem
solchen Anlass eine auch nur annähernd
vergleichbare geistige Niedertracht erlebt !
Als Trost für die Angehörigen wurde auf den
‚verdienten tiefen Schlaf des Verstorbenen’
verwiesen.
Grauenhaft ...
Und genau in dem Moment wurde die
Kapellentür geöffnet. Durch den Windzug
wirkten die Fahnen wie Segel und ... ließen für
einige Sekunden einen Abdruck des Kreuzes
erkennen. Das war für mich wie ein Zeichen. ‚Ihr
könnt noch so viele Fahnen davor hängen ...’

Nun stand ich in ‚meiner Kirche’... doch .. warum
baute mein Gedächtnis ausgerechnet dieses
vergangene Horrorszenario in mir auf ?
Der Anblick des vom Künstler vor dem Kruzifix
aufgehängten roten Tuches ... die Assoziation der
roten Fahnen damals in der Kapelle ... der
deutliche Abdruck des Kreuzes damals und heute
das schattenhafte Abbild des Kruzifixes ..
Da wurde und hier wird ein Symbol zugehängt,
verschleiert.

Wie reihten uns auf den Kirchenbänken ein
und lauschten den Interpretationen zu den
einzelnen Werken des Künstlers.
Erst zuhause im Gespräch über diese erlebte
Ausstellungseröffnung wurde mir klar :   Ich
hatte nach dem Anblick des Tuches vor dem
Kruzifix stumm auf der Kirchenbank gesessen -
mit beiden Händen in den Jackentaschen ... –

Heiligabend

In den Straßen der kleinen Kreisstadt war es ruhig
geworden. Hell erleuchtete Schaufenster mit
greller, aufdringlicher Leuchtreklame blendeten
erbarmungslos meine Augen. Das
Weihnachtsgeschäft, das Geschäft des Jahres, war
an diesem Heiligabend gelaufen.

Die Gläubigen eilten nach der Mitternachtsmesse
zurück in die Behaglichkeit, in die Wärme und
Geborgenheit ihrer festlich geschmückten
Wohnungen. Es war Weihnacht. -

Langsam schlenderte ich an den Schaufenstern
vorüber.
Auf der anderen Straßenseite stand ein alter Mann
vor einem Schaufenster.
Er schien völlig geistesabwesend zu sein. Ich
blieb stehen und sah zu ihm hinüber. Ein
eiskalter Wind zerrte an meinem Gesicht.
Ich schlug den Kragen meines Mantels auf und
ging hinüber.
Er stand mit gesenktem Kopf vor dem
Schaufenster eines Spielwarengeschäftes, die
rechte Hand vor die Stirn gepresst. - Ich sah
unauffällig zu Ihm hinüber. Er schien mich nicht
zu bemerken. Warum ging ich nicht weiter ? ..
Wie all die Anderen ?

Er weinte.
„Kann ich Ihnen helfen .. ?“
„Mir kann niemand helfen !“
„Ja .. aber ...“
„Lassen Sie mich in Ruhe ! Was wollen Sie von
mir ...“
„Pardon. Ich will Sie nicht belästigen.
Entschuldigung.“
Ich drehte mich um und wollte gehen.

„Warten Sie .. !“
Ich blieb stehen.
Der alte Mann stand immer noch so da - wie vor
einer Minute.
„Warum kümmern Sie sich um mich..? Sie
kennen mich doch gar nicht !“
Ich schwieg eine Weile.
„ Ja .. da haben Sie recht. Ich kenne Sie nicht ...“
Er nahm die Hand von der Stirn, hob langsam den
Kopf und sah mich an.- Sein vergrämter,
zerflossener Blick traf mich wie ein Messer. Ich
hatte das Gefühl, als suchte er jemanden ..
irgendjemanden, mit dem er reden konnte -
einen Menschen, der ihm zuhörte, mehr nicht.

„Was bedrückt Sie ?“
„Ach .. junger Mann ...“ Er sah wieder auf den
Boden.
„Dieser Abend soll für uns Menschen ein Abend
des Glücks und der Zufriedenheit sein ... Für

mich ist er Verzweiflung. Ich musste raus. Ich
hielt es zuhause nicht mehr aus.“
„Was ist passiert ?“
Er begann wieder zu weinen.

In den Häusern wurde das Fest der Freude und
der Zufriedenheit gefeiert. Jeder auf seine Weise.
Was war geschehen, dass dieser alte Mann
weinend vor einem Schaufenster stand ? Was
hatte ihn so zerschmettert ?

„Ich hatte den Tannenbaum geschmückt, die
Kerzen angezündet .. und meine Tochter und
meinen Schwiegersohn erwartet. Gott sei Dank,
dass meine Frau das nicht mehr erleben muss ! -
Ich hatte mich darauf gefreut, mit ihnen diesen
Abend zu verbringen. Ich wollte heute nicht
alleine sein. Ich wollte es nicht ... !“
„Und was geschah ? Sie sind nicht gekommen ?“
„Doch ! .. Verflucht, sie sind gekommen.
Mein Schwiegersohn war betrunken. Als er den
Baum sah, begann er entsetzlich zu lachen. Er
nannte ihn ... ich mag es nicht sagen. Er sagte
nur, dass er diesen ‚Blödsinn‘ nicht mitmacht.
Schließlich löschte er die Kerzen aus und knickte
den Stamm in der Mitte ab. Meinen liebevoll
geschmückten ...   Dann hab’ ich ihn hinaus
geworfen.“
„Was sagte Ihre Tochter dazu ?“

„Die ist mit ihm gegangen. Ja .. sie ist einfach mit
ihm gegangen. Kein Wort ... nichts !"
„Wollen Sie nicht nach Hause gehen ?"
„Ja .. später ..."
„Er war betrunken, sagten Sie ?"
„Ja."
„Dann wird er sich sicherlich morgen
entschuldigen."
„Ja, sicherlich ... Ich wollte ihnen doch nur
eine Freude machen", sagte er dumpf, und ich
hatte das Gefühl, nicht mehr wahrgenommen zu
werden. Er schüttelte nur langsam, wieder völlig
abwesend den Kopf. „Ich wollte ihnen doch nur
eine Freude machen ..."

An diesem Heiligabend stand der alte Mann vor
dem Schaufenster eines Spielwarengeschäftes.
Die schneidende Kälte dieser Weihnacht und das
zerreißende Gefühl des Alleinseins waren seine
gnadenlosen Begleiter in einer Nacht der Liebe,
der Zusammengehörigkeit, des Vergebens und
der Wärme. Der bloße, niederwerfende Gedanke
daran und die Hoffnung auf eine Entschuldigung
waren alles, was der alte Mann noch hatte.

Verbindung

Auch an diesem Samstag Vormittag saß die alte
Frau in ihrer Küche und wartete auf den jungen
Mann, der ihr immer an diesem Tag die Lebens-
mittel für die kommende Woche brachte.
Die Hintertür war nicht abgeschlossen.
Das ersparte ihr den mühsamen Weg zur Haustür.

Sie freute sich auf diese kurzen Augenblicke der
Hilfsbereitschaft und der Unterhaltung mit ihm.
Es war ein Lichtblick, auf den sie die ganze
Woche wartete.

Ihre Angehörigen, Tochter, Schwiegersohn und
die beiden Enkelkinder, wohnten mit in ihrem
Hause. Und .. warum kam nun dieser junge
Mann trotzdem jeden Samstag ?
Sie fragte sich jedes Mal, ob sie ihn damit nicht
belästigte, doch diese Gedanken wies er immer
energisch zurück. Für ihn sei es eine
Selbstverständlichkeit, so sagte er immer. Ja, wie
oft hatte sie ihn schon gefragt ...

Sie legte ihre Hände auf die fast gelähmten Beine,
die sie nur noch Zentimeter weise weiterschieben
konnte.

Was er wohl wirklich denkt, wenn sie sich mit
ihrem Stock, an den Wänden gestützt, in die
Küche schleppte, um ihn zu empfangen .. ? -

In diesem Moment ging die Tür auf.
„Guten Tag, Frau Wehnert." Er trat ein und
drückte mit dem Ellenbogen die Tür ins Schloss.
„Guten Tag, Herr Waldhaus ... ach, ich kann
ihnen die Tür nicht zumachen .."
„Kein Problem, Frau Wehnert." Er nickte ihr
verständnisvoll zu und setzte den Korb mit den
Sachen auf die Eckbank.
„Setzen sie sich doch .. bitte."
„Sie wissen doch, ich habe sehr wenig
Zeit .."
„Bitte."
Er setzte sich neben den Korb und begann, die
Sachen auf den Tisch zu stellen.
„Ich verstehe ja, dass sie wenig Zeit haben.
Was gibt's Neues?"
„Viel Arbeit, Frau Wehnert .. und bei ihnen ?"
„Ach Herr Waldhaus. Die Beine .. sie wollen
einfach nicht mehr. Dazu das Herz ... Ein alter
Mensch ist nichts mehr wert."
„Das dürfen sie nicht sagen, Frau Wehnert. Ich
meine, das ist es nicht. Sie haben doch viel mehr
Erfahrungen als ich zum Beispiel."
„Herr Waldhaus, falle ich ihnen wirklich nicht
zur Last ? Sie haben doch auch so genug zu tun.."
„Darüber sind wir uns doch einig ! Warum

zweifeln sie immer ?"
„Ach, das sagen sie immer so ...   Sie tun so viel
für mich, das kann ich gar nicht wieder gut
machen ."
„Ich bitte sie." Er sah sie entgeistert an.
„Ja .. doch. Dafür danke ich ihnen. Sie glauben
gar nicht, wie ich mich darüber freue. Wenn
doch alle so wären ... Diese Welt ist so gefühllos
und voller Gleichgültigkeit. Nächstenliebe ist so
selten. Alle reden sehr viel, glauben sie mir,
doch, wenn es darauf ankommt, dann .. sitzt man
alleine .. mit seinen Sorgen und mit der Welt, die
man nicht mehr versteht. Dann kneifen sie alle
und sind sich selbst der Nächste. Das sehen sie
doch an meiner Tochter und an meinem
Schwiegersohn. Die sind jeden Tag betrunken.
Ich bin ihnen nur eine Last. Die wollen nicht mal
mehr mit mir reden. Aber mein Geld ...   Und
man kann doch gar nichts dafür, dass man alt
wird und irgendwie Hilfe braucht ..."

Er sah in ihre eingefallenen Augen. Dieser
verklärte Blick ...
Was für ein Schicksal.
Die Wärme solcher Eindrücke.
Beide sahen schweigend auf den Boden.
Blicke ins Leere, ins Unendliche ...

„Sagen sie mir doch einmal, Herr Waldhaus, wie
halten sie es mit dem Glauben an Gott ?"

Er sah sie bestätigend an, als hätte nur diese und keine andere Frage kommen können.

„Ich glaube dran oder anders .. ich glaube an etwas Übergeordnetes, unbeschreiblich intelligenter als wir.“
„An Gott ?“
„Ja, egal wie man es nennt.“
„Glauben sie an die Auferstehung ?“
„Auferstehung im übertragenen Sinne, nicht körperlich, sondern geistig.“
„Sie denken, dass der Körper sich abnutzt und zerfällt, der Geist oder die Seele aber unsterblich ist .. ?“
„So sehe ich das.“
„Also stirbt im Tode nur der Körper ?“
„Ich denke, dass wir den Erfahrungswert ‚Körper’ mit in eine neue Existenz nehmen, die wir nicht kennen, sondern nur erahnen können ...“
„Dann müssen wir doch dankbar sein, leben zu dürfen ...“
„So gesehen ...“
„Ich habe immer gesagt, dass das letzte Hemd keine Taschen hat ...“
„Keine greifbaren ...“
„Sie haben mir sehr viel Mut gemacht. Ich rede immer so gerne mit Ihnen. Bei dieser Bagage hier im Hause habe ich manchmal das Gefühl, unter Räubern zu sein. Entschuldigen sie ...“
„Sie wissen doch, dass sie nicht alleine sind ...“

Nach einer Weile legte sie ihm das Geld für die
Ware hin.

„Mache ich ihnen auch wirklich keine
Umstände ?“
„Ich mache das gerne für sie, das wissen sie
doch ...“
„Womit kann ich ihnen denn einmal eine Freunde
machen ?“
„Wenn sie mir weiterhin erlauben, ihnen die
Sachen bringen zu dürfen .. und mit ihnen zu
reden.“
Ihre Augen leuchteten.
Sie kannte diese Antwort.
Für sie das Gefühl der Verbindung und ... nicht
vergessen zu sein.
Er verabschiedete sich und ging.
Die alte Frau Wehnert sah ihm nach.
Dem jungen Mann, der ihr jeden Samstag
Vormittag die Lebensmittel für die kommende
Woche brachte.

Laie

Diese Urknallhypothese beschäftigt mich seit
Jahrzehnten.
Da soll vor einer dem Verstand nicht mehr
zugänglichen Zeit dieser ‚Big Bang’, dieser
Urknall, stattgefunden haben. Aus einem Zustand
extremer Dichte heraus expandierte das Weltall
dann bis zur uns bekannten Form.
Heerscharen von Wissenschaftler brüteten und
brüten über diesem Thema. Da blickt der Laie
nicht (mehr) durch ... oder ?
Wie war das noch mit den sieben Tagen in der
Bibel ?
Was hat Gott noch damit zu tun ?
Hat *er* etwa das Ganze ‚hochgehen’ lassen ? -
Relativitätstheorien, Quantensprünge ...
Atomstrukturen, Galaxien, Mikrowelten,
Makrowelten ... Zeit und Raum ... ?
Entmystifizierung des konservativen Glaubens ...
egal welcher Religion ?

Da lese ich immer wieder, dass man das alles
nicht in einen Topf zu werfen habe ! Das muss
schließlich differenziert gesehen werden ..!
Da stellt sich mir die Frage: `Warum eigentlich ?´

Diese Welt(en) existieren doch auch einheitlich
.. und nicht getrennt ohne Zusammenhang ...!

Also : Wenn alles denkbar ist und
Wissenschaftler Plattform übergreifend
enträtseln, entschlüsseln und für Laien
Unverständliches noch unverständlicher
‚machen’, dann sei der Versuch erlaubt, einen
mitdenkenden Laien doch mal einen imaginären
Vortrag über seine Sicht der Dinge halten zu
lassen - und zwar vor Wissenschaftlern. -
Das wäre doch eine Möglichkeit, ohne
Fachchinesisch anderen Interessierten aber
Nicht-oder Mangelwissenden den Horizont zu
erweitern ?! -

Und stellen wir uns weiterhin vor, dieser Laie
würde sich auch noch anmaßen, irgendeine
Vorform einer Weltformel den entsetzten
Wissenschaftlern zu präsentieren und zwar in
Form von vorher verteiltem Anschauungs-
material.
Unsinn ?
Na dann geben wir unserem Laien mal sein
Forum:

„Liebe Wissenschaftlerinnen und Wissen-
schaftler ! Ich habe ihre Hypothesen und

Theorien, soweit mir zugänglich, gelesen und
ausgiebig reflektiert. Mir geht es um das Weltbild
an sich. Um den Zusammenhang. Um das
Prinzip der - wie ich es nenne - ‚Ergänzung’ .
Um Makro- und Mikrowelten. Um Räume und
Zeiten der Verhältnisse zueinander. Um deren
Gleichheit in den Strukturen. Um die absolute
Konstante ‚c’ und ... das Ganze im Plural !
Die Rede eben war vom Prinzip der Ergänzung.
Einzelgebilde, z.B. Planeten, bilden ein
Sonnensystem. Mehrere Sonnensysteme bilden
eine Galaxie. Eine Galaxie ist demnach - wie
jeder Planet, jedes Sonnensystem - ein
Ergänzungsfaktor zur nächst größeren Einheit.
Die Summe der Galaxien bildet die nächst große
Einheit und so weiter. Die Folge wäre eine
Verkettung, ein Aneinanderreihen der
jeweiligen Ergänzungsprodukte und -summen.
Die Zwischensumme nach x-beliebiger
Weiterführung dieses Gedankenexperimentes
wäre ein Ergänzungsprodukt, eine Erscheinung
oder ein Gebilde jedweder Art. Es wird denkbar,
dass die Zwischensumme der einheitlichen, in
sich geschlossenen Ergänzungsfaktoren den
(atomaren) Aufbau eines extragalaktischen
Gegenstandes oder auch Lebewesens bildet oder
darstellt. Damit ist jedes in sich geschlossene
System als Ergänzung zu sehen. Wenn ich
davon ausgehe, dass diese Systeme sich um den
nächst größeren Bezugspunkt drehen (bewegen) ,

dann folgere ich, dass ein jeweiliges, größeres
System das Ergänzungsgebilde der Summe der
kleineren Gebilde oder Systeme darstellt. Ein
makrokosmisches Ergänzungsgebilde (ein
Gegenstand x- beliebiger Wahl oder etwas
‚Lebendes’) befindet sich oder lebt in einer
Einheit in einer Art und Weise, wie wir uns
Leben in unserem einheitlichen Raum und damit
in unserer Zeit vorstellen. D.h., ein durch x
Einheiten (Systeme) ergänztes Gebilde muss ein
unserem Gefühl nach analoges Raum- und
Zeitbewusstsein haben. Der dieses Gebilde
umgebende Raum ist verhältnisgleich dem
unseren und damit jedem Raum ‚x’ im
makrokosmischen Ergänzungsprozess. Die
räumliche Verhältnisgleichheit (Proportionalität)
ist dann gleich der zeitlichen, da Raum und Zeit
nur zusammen als Einheit logisch erscheinen. Die
atomare Struktur eines jeden uns in unserer
Einheit vorstellbaren Gegenstandes besagt, dass
eben jeder uns vorstellbare Gegenstand die
Summe einzelner Ergänzungsfaktoren, einzelner
Einheiten und Systeme darstellt. Jeder
Gegenstand, jedes Lebewesen ist also eine
Ergänzungssumme, die in ihrer Einheit wieder
nur einen Faktor darstellt, also in der weiteren
Konsequenz den atomaren Aufbau der nächsten
Einheiten bildet.
Dabei ist es nicht auszuschließen, dass in dieser
makrokosmischen Konsequenz eine solche

ergänzte Einheit, eine derart strukturierte
Ergänzungssumme, ein x-beliebiger Gegenstand
(oder Lebewesen) sein kann bzw. dieser Logik
folgend .. sein muss.
Die Erscheinungsform ist dabei zweitrangig.
Unsere Einheit, unser Sonnensystem, ist
demnach ein ‚Superkleinstprodukt' dieses
Ergänzungsgebildes, dieser Ergänzungssumme.
Die Begriffe ‚Kosmos' und ‚Raum' sind in
dieser Einzahlform (Singularform) unzureichend.
Demnach gäbe es keinen großen Kosmos als
abschließende Einheit, kein Universum in
Grenzen. Das Universum ist kein alles
abschließendes Gebilde. Denn : Jedes System,
jede Einheit, stellt nur einen Ergänzungsfaktor
dar, der in der Ergänzungssumme als in sich
geschlossene Einheit resultiert. Eine Ergänzungs-
summe, eine Einheit oder ein System also, ist
eine Summe der sie ergänzenden Räume. Jede
Einheit existiert in ihrem artspezifischen Raum
und hat damit eine artspezifische Zeit oder anders
gesagt : *Jede Einheit hat ein artspezifisches
Zeitgefühl, das an diesen speziellen Raum ‚x'
gebunden ist.*

Die Summe einzelner, einheitlicher Räume ergibt
die Ergänzungssumme, eine Ergänzungseinheit,
die wiederum an Ihren artspezifischen Raum
gebunden ist.

Folglich gibt es keinen ‚absoluten' Raum, sondern einzelne, jede Einheit darstellende, in sich geschlossene Räume, die als Ergänzungsfaktoren die nächste Ergänzungssumme bilden, die den nächsten in sich geschlossenen, für das entstandene Gebilde artspezifischen Raum darstellen.

Jeder Raum entsteht somit durch den Vorgang der Ergänzung. Unsere Bezugseinheit - unser Sonnensystem - ist demnach ein Superkleinstprodukt eines bestimmten Ergänzungsgebildes, einer extragalaktischen Einheit.

Betrachtet man die Erscheinungsformen dieser Erde (Flora, Fauna, sämtlich denkbar Gegenständliches), so lässt der vorher gesagte Satz die Annahme zu, dass ein an seinen ergänzten Raum (+ Zeit !) gebundenes Ergänzungsgebilde an von einer ebensolchen Vielfalt an Gegenständen und allgemein Erscheinungsformen gebunden ist. In einem solchen Ergänzungsgebilde mag die Einheit, unsere Einheit, also unser Planetensystem, im atomaren Aufbau des Gebildes ein -scheinbar- unbedeutender Ergänzungsfaktor sein. Dieser einzelne, so winzige Ergänzungsfaktor ist ein Produkt der Endsumme und erfüllt damit einen entscheidenden Sinn.

Jeder Raum ‚x' hat also die ‚Aufgabe', die
nächst höhere Form, den ihm verhältnisgleichen
Raum zu ergänzen. -

Aus diesem Satz lässt sich ein weiterer logischer
Schluss ziehen :

*Makrokosmische Ergänzungsprozesse sind
unendlich,* da jede Form, jede Einheit in der
Ergänzung der nächst größeren Einheit ihren
existentiellen Sinn findet.
Diese makrokosmische Betrachtung kann den
Unendlichkeitsbegriff als solchen verdeutlichen.
Wir finden in jedem makrokosmischen
Ergänzungsgebilde oder -produkt   eine
bestimmte Anzahl Ergänzungsfaktoren, die als
Teile des Ganzen strukturell Bilden und
Aufbauen.

Ausschlag gebend ist der Begriff `*Ergänzung*´.

Dieser Schlüsselbegriff kann uns die Fragen nach
der Unendlichkeit oder Ewigkeit etwas näher und
möglicherweise erklärbarer erscheinen lassen.

Im Ergänzungsprozess findet jeder einzelne
Faktor seinen Sinn. Dieses makrokosmische
Prinzip findet seine Parallele in den kleinen
Welten oder Mikrokosmen.

D.h., dass die Mikrokosmen nach den Ordnungsprinzipien der Makrowelten organisiert sind.   Setzen wir als Bezugsgröße der so genannten ‚kleinen Welten' das Atom. Die Einheiten einer kleinen Welt entsprechen strukturell denen einer großen Welt. Mit anderen Worten : Untersucht man die Struktur der Atome und die beispielsweise der Planetensysteme, so erkennt man, dass die zentralen Bezugspunkte sowohl einer- als auch andererseits bestimmte Kerne sind : Im Atom der Atomkern > im Planetensystem die Sonne.

Wir finden in den Atomen zentrale Bezugspunkte, die Atomkerne, um die auf Ellipsenbahnen Elektronen kreisen. Überträgt man diese Erkenntnisse der Mikrowelten in die Makrowelten, so kann man analoge Schlüsse ziehen :
Auch in unserem Planetensystem (Sonnensystem) erkennen wir einen zentralen Bezugspunkt, die Sonne, die von den Planeten des Sonnensystems ebenfalls auf ganz bestimmten Ellipsenbahnen umkreist wird. Hierbei ist ein wichtiger Unterschied klarzustellen :

In den Makrowelten stellt man im Ergänzungsprozess eine Vergrößerung fest, während wir in den Mikrowelten das Gegenteil antreffen : Eine Verkleinerung. Das ist auch Laien geläufig.

Mit anderen Worten : Im ‚großen'
Ergänzungsprozess setzen die einzelnen Faktoren
das nächst größere Gebilde zusammen, sind also
Teil eines größeren Gebildes, einer größeren
Einheit. Diese größere Einheit ist ihrerseits
wiederum nur ein Faktor, ein Kleinstbestandteil
der nächst größeren Einheiten und so weiter.

Im ‚kleinen' Ergänzungsprozess muss die
Ergänzung der einzelnen Einheiten durch den
Prozess der Verkleinerung ablaufen. Eine
‚Minus-Ergänzung' also.

Konsequenz : Es herrscht ein ‚*Struktur-
gleichheitsprinzip*' der beiden Erscheinungs-
formen. Kleine Bestandteile kreisen um den
Atomkern. Diese Kleinstplaneten setzen sich
wiederum aus noch kleineren Bestandteilen
zusammen. Wenn wir in den Makrowelten einen
atomaren Aufbau finden, dann wird auch dieses
Prinzip für diese Kleinstbestandteile gelten.
Demnach träfe man eine bestimmte Ergänzungs-
summe (Summe der Kleinstbestandteile) an,
die die Erscheinungsform Elektron ergänzen.
Ein Elektron ist also die Summe der es
ergänzenden Kleinstbestandteile.
Stellt man sich nun ein einzelnes Atom vor (egal
welches !) und ‚betrachtet' die Summe der
Bestandteile, die es ergänzen, so wird die

Vielfalt der Kleinstbestandteile deutlich, die all
die Elektronen eines einzigen Atoms bilden.

In unserer irdischen Erscheinungswelt : Die
Vorstellung davon, wie viele Atome einen x-
beliebigen Gegenstand ergänzen, lässt die
Existenz dieser Unmasse von Kleinstbestand-
teilen im Elektron bei der Betrachtung der
Gesamtheit unserer irdischen Erscheinungswelt in
schier unfassbarer Masse erscheinen. Gehen wir
noch einen Schritt weiter : Jedes dieser Kleinst-
bestandteile muss demnach wiederum die Summe
einzelner Ergänzungsfaktoren darstellen, die
dieses Kleinstbestandteil ergänzen.

*Diese mikrokosmische Verkleinerung verläuft
also verhältnisgleich (proportional) der makro-
kosmischen Vergrößerung.*

Der Überbrückungsfaktor, den Zusammenhang,
bildet die Einheit ‚Raum – Zeit’. Jede
Lebensform, sei sie eine extragalaktische
Ergänzungssumme oder eine Existenz in
irgendeinem Superkleinstbestandteil, findet in
ihrem eigenen Raum das für sie spezifische
Zeitgefühl vor. D.h., eine Existenz, eine
Miniergänzungssumme, erlebt den gleichen,
großartigen Zeitablauf in ihrem unvorstellbaren
Universum wie eine extragalaktische Existenz in
ihrem unvorstellbar erscheinenden Universum.

Beide hier vermuteten Erscheinungsformen
existieren für einen angenommenen Beobachter
mit einem proportionalen Zeitgefühl. Die
planetarische Geschichte einer Superkleinst-
einheit ist in einer extragalaktischen Supereinheit
nicht im noch so geringsten registrierbar (?),
obwohl diese Geschichte in der angenommenen
Kleinsteinheit für diese eine nicht beschreibbare
Zeitspanne sein wird und diese Bestandteil dieser
extragalaktischen Einheit sein könnte.
D.h., jede Erscheinungsform, sei sie in den
‚großen‘ oder in den ‚kleinen‘ Welten, stellt eine
extragalaktische Einheit dar, die wiederum
gleichzeitig nur eine Superkleinsteinheit darstellt.

*Aus dieser Sicht wird die Unendlichkeit
stufenweise endlich.*

Eine absolute Endlichkeit, eine alles
abschließende Einheit oder eine Grenze ist
demnach ausgeschlossen. Eine ständige
Ergänzung, eine stufenweise abgeschlossene,
extragalaktische Vergrößerung sowie eine
stufenweise abgeschlossene. mikrokosmische
Verkleinerung ist demnach das Prinzip. Die
Einheiten entsprechen einander im Aufbau, also
in der Beziehung zum Nächsten. Raum und Zeit
der großen und kleinen Erscheinungswelten
entsprechen einander aufgrund des sie
bedingenden Größenunterschiedes.

Die angenommenen Teilsummen der Systeme
beider Erscheinungsformen wären dann einander
direkt proportional, so wie die Zeiten der
Verhältnisse den Räumen der Verhältnisse direkt
proportional wären.

*Hieraus lässt sich die folgende Definition
ableiten :*

**Die Summe der Systeme der Makrowelten von
plus 1** (Ausgangseinheit kann jedes x-beliebige
Planetensystem sein !) **bis plus unendlich
verhält sich zur Summe der Systeme der
Mikrowelten von minus 1** (Ausgangseinheit
kann jede x-beliebige Atomstruktur sein !) **bis
minus unendlich** (das Pluszeichen soll die
Vergrößerung, das Minuszeichen die
Verkleinerung symbolisieren) **wie die Summe
der Zeiten des Verhältnisses der Systeme der
Makrowelten zu den Systemen der
Mikrowelten von plus-minus 1 bis plus-minus
unendlich zu den Räumen des Verhältnisses
der Systeme der Makrowelten zu den
Systemen der Mikrowelten von plus-minus 1
bis plus-minus unendlich.**

*Nach dieser Definition entsprechen die kleinen
Welten strukturell den großen.*

Es besteht also eine direkte Proportionalität
zwischen der extragalaktischen Ausdehnung und
der mikrokosmischen Verkleinerung.

Der Überbrückungsfaktor, ich nenne ihn mal den

Proportionalitätsfaktor,

ist die jeweilige Einheit ,Raum-Zeit'.

Zeit und Raum bedingen jeweils nicht nur
einander, sondern stellen an sich die
Voraussetzung für die Existenz der bedingenden
Größe dar.

Das Verhältnis der kleinen zu den großen Welten
entspricht also dem Verhältnis der Zeiten zu den
Räumen.

Diese Grunddefinition lässt sich wie folgt
symbolisch darstellen :

(Der Laie verwies die Wissenschaftler auf die
ihnen vorliegenden Kopien seiner Ausarbeitung.)

Σ = Summe $\qquad$ S = Systeme

mac = Makrowelten $\qquad$ mic = Mikrowelten

T = Zeit(en) $\qquad$ k = Ausgangspunkt

R = Räume $\qquad\qquad$ beliebiger Wahl

∞ = unendlich

$$\sum_{k=+1}^{+\infty} S_{mac} : \sum_{k=-1}^{-\infty} S_{mic} = \sum_{k=+-1}^{+-\infty} T_{S_{mac}} : S_{mic}$$

$$: \sum_{k=+-1}^{+-\infty} R_{S_{mac}} : S_{mic}$$

Einige der zuhörenden Wissenschafter hatten die Kopie bereits kopfschüttelnd zur Seite gelegt.

Der Laie fuhr unbeirrt fort ...

Nach dem Erkennen der strukturellen Proportionalität der Welten zu den Räumen und der Zeit drängt sich die Frage nach der so genannten *absoluten Konstanten,* der Lichtgeschwindigkeit, auf.

Nach dem soeben definierten *,Welten-
strukturgleichheitsprinzip'* müsste hier ein
wichtiger Zusatz gemacht werden : Die
Lichtgeschwindigkeit ,c' ist absolut nur in einem
bestimmten Raum, nämlich dem einen
bestimmten Raum, der abgeschlossenen Einheit,
in der Lebewesen in annähernd gleichen
Systemen gleichen Ausmaßes diese erkennen.
D.h., dass die Lichtgeschwindigkeit, wie sie den
Bewohnern der Galaxien im annähernd gleichen
Ausmaße wie der unseren erscheint, in diesen
räumlich gleichen Gebilden eine absolute
Konstante ist.
Ist diese absolute Konstante dieser Räume auf die
Räume extragalaktischer Lebewesen oder
Lebewesen in Superkleinstgebilden übertragbar ?
,Unsere' Lichtgeschwindigkeit als Konstante
wäre für ein extragalaktisches Lebewesen ein
wohl nicht messbarer Wert. In den Räumen
solchen Ausmaßes wird demnach eine räumlich
spezifische Lichtgeschwindigkeit als absolute
Konstante herrschen oder messbar sein, die aus
der Sicht der kleineren Existenzeinheiten das
verhältnismäßig x- fache wäre. In einer
Superkleinsteinheit würde dann eine absolute
Konstante ,c' (Lichtgeschwindigkeit)
ausschließlich für die dimensional gleichen
Räume messbar sein.

Mit anderen Worten :

*Lichtgeschwindigkeit ist nur in den Räumen
gleichen Ausmaßes eine absolute Konstante.*

Größere und kleinere Einheiten würden aufgrund
des dimensionalen Unterschiedes eine den
anderen absoluten Konstanten proportionale,
absolute Konstante aufweisen.
D.h., *dass die Lichtgeschwindigkeit eine räumlich
bedingte, stufenweise proportionale Konstante
ist.* (In eben meiner laienhaften Vorstellung !)

Welche Folgerungen lassen sich ableiten ?

Der Prozess der Ergänzung ist also der
entscheidende. Räume einer Größenordnung
existieren parallel und verhältnisgleich und sind
damit Ergänzungsfaktoren für eine nächste
Einheit, die die Summe einer bestimmten Anzahl
dieser verhältnisgleichen Faktoren darstellt.

Der Prozess der Ergänzung verläuft in den
Makro- sowie in den Mikrowelten proportional
und ist damit von gleicher Art.

Jede denkbare, z.B. unsere irdische Erscheinungs-
welt ist die Summe von Ergänzungsfaktoren :
damit ist jeder Gegenstand, jedes Lebewesen eine
Ergänzungssumme, ergänzt und damit gebildet
durch eine bestimmte Anzahl ‚Mikrowelten‘.

Der Begriff der Unendlichkeit oder Ewigkeit wird
begreifbarer. Betrachtet man nur eine Galaxie
unter Gesichtspunkten wie Ausdehnung,
Entfernungen der einzelnen Einheiten, also die
Ausmaße dieses Gebildes und setzt sie ins
Verhältnis zu einer angenommenen Summe einer
bestimmten Anzahl dieser Galaxien, die die
nächst größere Summeneinheit bildet, so wird der
Begriff ‚Unendlichkeit' klarer.
Die Vorstellung, dass diese Einheit wieder nur
ein Mikrobestandteil sein kann, lässt auf eine
stufenweise geschlossene Unendlichkeit
schließen.
Eine abgeschlossene Summeneinheit kann für ein
sie   erlebendes Lebewesen als Unendlichkeit
angesehen werden, doch sie ist nur eine Stufe !

*Die Unendlichkeit liegt in den einzelnen
Zwischensummen. Sie endet an den Grenzen
dieser Zwischensummen und beginnt wieder in
den nächsten Einheiten.*

Denken sie doch einmal an die kirchliche
Aussage :   > ... von Ewigkeit zu Ewigkeit ... <   !

Die stufenweise Ergänzung der einzelnen, in sich
geschlossenen Einheiten erscheint mir als
logisches Prinzip.

Abschließend bleibt eine für mich hochgradig
interessante Frage :
Gibt es - ich nenne sie mal - *‚Übergangspunkte'*
von einer Summeneinheit zur anderen .. größer
oder kleiner ?

Was passiert an den Übergangspunkten ?
Ist da ein *Anzapfen der Konstanten* der größeren
(oder kleineren) Einheit(en) möglich ?
Was könnte sich daraus ergeben ?

Ich möchte den Rahmen noch größer ziehen :

Da sind doch diese drei Fragen :
-       wer sind wir ?
-       woher kommen wir ?
-       und wohin gehen wir ?

Wer wir sind, können wir tatsächlich nur
körperlich beantworten -> wir sind durch
körperliche Zeugung nach genetischem Muster
entstanden - haben uns körperlich durch
massenhafte Zellteilung nach genetischem Plan
entwickelt. Doch - woher kommt dieser Plan ?
Wer hat ihn entworfen oder konzipiert ? Wir
erklären es mit unserem Bewusstsein.

Die zweite Frage wird schon abstrakt -> aus den
Genen unserer Eltern - körperlich sicherlich.
Doch geistig ?

Die dritte Frage ist logisch folgernd völlig
abstrakt ! - Körperlich ein Desaster - durch den
Zerfall des Körpers. Und geistig ? Die
‚Festplatte’ in unserem Gehirn soll dann völlig
gelöscht sein oder werden ? Das macht
überhaupt keinen Sinn ! Einfach zurück zum
Schöpfer ?
Der kann dann aber keine zerfallende,
körperliche Existenz sein - sondern eine wohl rein
geistige ! Wenn er uns nach seinem Ebenbilde
laut Bibel geschaffen hat, dann ist nur erklärbar,
wenn dieser Schöpfer auch ‚nur’ eine sterblich
körperliche Existenz war und auch wohl noch ist
-> d.h. , eine in der Evolution in den Ergänzungs-
gebilden oder sogar in unserer galaktischen
Einheit weiterentwickelte Zivilisation - aber auch
wie gesagt -> sterblich ! Kein Gott oder keine
Gottheit ! Gott ist demnach eine geistige
Intelligenz - außerhalb des möglich Sichtbaren !
Begreifen lässt sich die Vorstellung von den
makro- und mikrokosmischen Räumen -> doch
... dann kommt das, was den Horizont wirklich
sprengt - die Geistigkeit des Schöpfers ! Jesus hat
gesagt : ‚Ihr werdet Gott niemals sehen können...’
Die Aussage wird so erklärbar. Wie kann ich eine
Geistigkeit körperlich sehen ? Doch ich ...und
auch sie (!) - jede feststoffliche Existenz - ist
ein Teil dieser Geistigkeit, dem >woher komme
ich< und >wohin gehe ich< ! Wir können Gott
nicht sehen, weil wir ein geistiger Teil von ihm

sind ! Es sei denn, wir erkennen uns selber -
unseren Geist oder unsere Seele ... ! Völlig
separat von unserer körperlichen Existenz !

Wenn der Wissenschaft nichts besseres einfällt
als die Theorie vom ‚Urknall’, dann stellt sich
die Frage, ob es Sinn macht, ein Ergebnis nur als
Summe wissenschaftlicher Erkenntnisse zu
akzeptieren ? Aus wissenschaftlicher Sicht ist
dieser Urknall die Folge aneinander gereihten
Faktenwissens - mehr nicht ! Wo bleibt die
Phantasie aus denkbar einfacher Sicht ? -> Was
verbirgt sich hinter der Struktur eines Atoms ?
Was verbirgt sich hinter der Struktur eines
Planetensystems ? Das einfache Denkmuster ist
die Analogie dieser Bezugsgrößen ! Der Urknall
geht von einem endlichen Universum aus -
sicherlich in wohl unvorstellbaren Ausmaßen.
*Doch - nach dem Prinzip der Ergänzung ist das
Universum an sich nicht endlich ! - Zum Großen
wie zum Kleinen hin ist kein Ende in Sicht! Also
permanente Urknalle überall ...!?
Es ist zwar in sich geschlossen aber nur aus der
Sicht der einzelnen Ergänzungsgebilde !*

In welcher Beziehung stehen die einzelnen
Größenordnungen zueinander? Sie ergänzen sich,
das ist klar, doch ... lassen sich Konstanten einer
größeren Ordnung ‚anzapfen’ ?
Der Gedanke öffnet Türen und Tore !